Bok young-mee

시인 복영미

우주의 젖이 돈다

복영미 시집

우주의 젖이 돈다

Poetics 시학

■ 시인의 말

아무도 사랑하지 않았다
그래서 불행했고
행복했다

시는 혼자이어서 좋다

2014년 1월
뉴욕에서 복영미

차 례

폭설

하얀 도화지에

은사시나무 한 그루

사금파리 조각으로 살짝 그으면

하늘을 찢으며 몰아치는 눈발

수직의 각오로 서 있다

사는 일보다 추운 것이 또 있을까

원고료

영어권에서 모국어로 시 써 온 지 십여 년
처음으로 원고료를 받았습니다
출판사 로고가 찍힌 봉투를
뉴욕으로 모시고 돌아와
글이 잘 안 써질 때 꺼내 보곤 합니다
달러 삼십 불은 크게 여겨지지 않는데
주급 일 년 치만큼
원고료 삼만 원에 꿈이 부풉니다
타국에서 떠듬떠듬 콩글리시로 먹고살기도 어려운데
멀어져 가는 모국어로 시를 쓰기는 더욱 어렵습니다
힘든 날일수록 철없는 백지 앞에 앉아
하얗게 밤을 지새우는 것은
책갈피에 넣어 둔
원고료 때문만은 아닙니다

유년의 윗목

팔다 남은 홍시가 아랫목에서 쩍쩍 얼어 터지는 겨울, 엄마가 약국집에서 얻어 온 미제 반코트, 엄마 앞에서는 입고 밖에 나와서는 벗었다

불빛 환한 윗동네와 어두운 아랫동네처럼 화이트 앤 블랙 줄무늬가 선명한 코트, 눈 감아도 보이는 약국 앞 지나 너덜너덜 함석지붕 골목을 돌아 나도 모르게 껴내 입은 함박눈 보다가 포근한 옷

홍시처럼 빨간 손 주머니에 넣고 사뿐사뿐 골목길 돌아 나오다 마주친 약국집 아이

공범

부산 충무시장 사십 계단 아래 천막 치고 어머이는 막국수 장사를 했다 겁이 많은 나는 별이 노랗게 잦아들 때까지 집에 가지 못하고 메루치 다싯국 솥단지 옆에서 숙제를 했다 어둠 속 무언가를 뚫어지게 응시하고 있는 어머이 "아까부터 머를 그래 보고 있노 니 이리 좀 와 보거래이 조 건네 다이 밑에……"

어머이 전대처럼 반질반질한 꼼장어다이 밑에 연탄 몇 장이 오지 않은 주인을 눈이 까맣게 기다리고 있었다 "뭐꼬 연탄 아이가 맞다" 어머이는 어느새 뜯어낸 사과상자 판떼기를 포개어 이고 다이 옆에 쪼그리고 앉았다

"엎어라!" 장사꾼들이 팔다 남은 물건을 덮은 가빠 쪼가리가 바람에 바닥을 치는 가난의 빰을 후려칠 때 가난은 사람을 용기 있게도 하고 비굴하게도 한다는 것을 배웠다 "머 하노 안 얹고" 나는 빼빼 마른 손을 떨며 연탄 한 장씩을 판떼기에 올렸다

“닐, 니 오래비 군에서 말미 나온다 안 캤나” 얼어붙은 사십 계단, 그때처럼 때 절은 소매를 보란 듯이 흔들며 오르는 어머이를 본 적이 없다

달 떴냐?

고국보다 하루 늦은 추석 달을 본다
소반에는 한 종지 송편달이 떠 있고
흰 수건을 쓴 채 꼬부리고 자는 어머니가 있다

나는 웃고 떠드는 친구 집을 슬며시 나와
어머니가 주무시는 어두운 방을 살피는데
"야! 달 떴냐"
잠을 탁탁 털어 내곤 엎어 놓은 고무신을 신는다

명절 때 둥지로 날아가지 못한 철새들
대폿집, 색싯집, 공중변소 지나
탁배기에 취해 휘청거리는 잡풀이 무성한 곳

달님에게 닿을 듯 언덕바지에서
가난살이도 싹싹 빌면 용서받는 줄 아는
젊은 과부 손을 가만히 포개 주던
추석 달

엄마 외출복

어린 눈에 고름 없는
치마저고리 한 벌
고요를 두르고
고리짝 바닥에서 납작해졌다

어머니 죽은 날
곰보나이롱 치마저고리
바람이 차려입은 것 보았다

피망 인큐베이터

피망을 잘랐다
새끼손톱만한 민달팽이가
쌍뿔을 내두르며 꼼지락거린다
피망을 인큐베이터로* 알았을까
세상은 물렁뼈라도 휘두르며
홀로 가야 한단다
달빛에 등짝이 얼룩질 때까지
이름 없는 별 하나가
앞날의 불운을 점칠지라도
슬픈 육체를 이끌고

가는 데까지
가는 데까지

---

* 김춘수의 「꿈꾸는 잉구베이타」.

11월

흠 하나 없어 보이는 낙엽을 주웠습니다
곱게 물든 잎사귀 책갈피에 넣으려는데
떨림의 흠집이 보였습니다
사람도 겉모양이 화려할수록
어쩜 저렇게 흠이 없을까 하는 사람일수록
마음은 나무껍질처럼 갈라져 있을지 모릅니다
오늘은 나도 흠집 많은 속내를 보이지 않으려고
볼 터치도 짙게 하고 립스틱도 빨갛게 칠해 보지만
마음 빛깔 감출 수 있는 화장법은 없나 봅니다
이제는 금 간 마음 감추지 말아야 할 때
맑은 물웅덩이에 제 속 훤히 내보이는
늦게 철든 단풍처럼

뜨내기처럼

차창에 단풍 한 잎 떨어진다
북풍 앞에서 얼마나 흔들렸을까
사는 일이란 늘 아슬아슬한 것이어서
너에게 무언가 보여 주려고
얼마나 뒤척였던가 나뭇잎 통점들이
서걱거린다

가라!
지나간 삶은 후회만 남는 것
짙은 계절의 물감으로 싸악 덧칠해 버리곤
신호등처럼 불빛이 바뀔 때
멀리 가라!
잔인한 도시의 뜨내기들이여

나는 힘껏 페달을 밟는다

그네 타는 나무

베어마운틴 까마득한 절벽에 U 자로 매달린
소나무 한 그루
등산객들은 백 년에 한 번 볼까 말까 한
희귀 나무라며 사진을 찍는다
허공을 거꾸로 가는 것은
자기 파괴를 감수하는 줄 알았던 나는
길이 아닌 길도 살기 위해서 가는
나무를 보았다
삼줄 같은 머리칼로 우주를 감고
거꾸로 그네를 타는 나무

살아야겠다
또 한 고비 넘긴다

개봉동 아파트 민들레

하루 손님 한둘 들까 말까 하는 아파트 상가에서 옷가게 조카는 초등학교에 다니는 아들 하나 데리고 사는 이혼녀다 빚만 늘어나는 가게를 정리하기 위해 보석 세공을 배우러 다닌다 오늘이 일차 자격시험 치는 날이라며 제 엄마에게 가게를 잠시 맡겼다 파리 날리는 가게에 여왕벌 손님이 들어왔다 진열장에 돋보이는 금장식 갈색 가방에 필이 꽂혔다

엄마는 가방에 달랑거리는 꼬리표를 요리조리 돌려보아도 정가가 보이지 않아 큰맘 먹고 팔만 오천 원을 불렀다 꼴랑 오천 원도 깎아 주지 않으면 멀리 날아가 버리겠다는 여왕벌에게 한 방 쏘인 엄마는 팔만 원에 낙찰을 보았다 오늘 일찌감치 개시 한번 걸게 했다며 반으로 접기도 아까운 빠다라시에 퉤퉤 침을 뱉었다

"엄마 별일 없었지" 콧잔등 깨진 구두 낯짝부터 가게로 디밀던 조카의 시선이 제 가슴처럼 휑하니 빈 진열장에 멈추었다 "옜다 팔만 원" 자랑스레 내미는 빠

다라시를 외면한 채 조카는 바닥에 풀썩 앉아 울었다 “난 몰라 손님 오면 전화하랬잖아 그거 엉엉……. 그 가방 원가만 십오만 원이란 말이야 우리 가게에서 젤로 비싼…….” 한참을 울던 조카는 “그래도 나 오늘 시험 잘 봤다”

촘촘한 경쟁 뚫고 한 뼘 땅 거머쥐고 있는 민들레 이파리 손으로 눈물을 닦는다

단풍

가진 것이라고는
잎사귀밖에 없는 너는
가진 것이 많아
가난한 우리들에게
무엇을 주고 갈까
밤을 새우다가
가을 서리 하얗게 이른 아침
마음 덥혀 주려고
잎새마다
빨갛게 불을 지핀다

나무새

차고 세일, 잡다한 물건 틈에서
나무새와 눈이 마주쳤다.
날고 싶구나!
마음이 통했을까?
가벼운 몸 둥치에 붙박여서도 기울었다
힘들었던 기억일수록
그곳에 가 보고 싶은 듯, 먼 데를 보고 있는
나무새를 품에 안았다
"그래 한번 날아 봐"
외출에서 돌아온 나는 매일 물을 갈아 주고
새처럼 부리를 오므려 휘파람을 불며
피그말리온처럼 간절했다
기우뚱 앉아 있는 나무새의 치켜든 꽁지
움찔한 것은 유리창을 깨트리는
잘못 들은 바람 소리일까

매화차를 마시며

뒤뜰에서 따 온 매화
찻잔에 띄웠습니다
강물에 뛰어내린 여인의 하얀 치마처럼*
꽃잎이 피었습니다
꽃잎이 찻물에 말갛게 둥둥 떠서
젖을수록 선명해지는 문장처럼
사랑은
모든 것 다 주고도 더 줄 것이 없어
미안해하는 것입니다
온몸을 다 바쳐 사랑해 본 적 없는 나는,
꽃잎의 유서를 해독하느라
삼월은 춥지 않았습니다

* 『이문재 산문집』 참조.

깜박증

다람쥐는 가을에 도토리를 두어 말씩이나 거두어 겨울 양식으로 천여 군데 땅속에 묻어 둔단다 우리 집 뒤뜰에도 도토리 숨구멍이 뻥뻥 지축을 흔드는데

나뭇가지에 소복이 눈이 쌓이면 다람쥐는 숨겨 두었던 도토리를 찾아내어 허기를 채운다는데, 그 반의반도 생각이 나지 않아 제 머리를 쥐어박으며 꼬르륵 빈 하늘을 바라본단다

따뜻한 땅속에서 겨울잠을 잔 도토리는 싹이 나고 잎이 나 키가 염소구름 옆구리를 간질일 만큼 자란다 그 나무에서 열린 도토리 몇 됫박을 다람쥐는 땅속에 파묻고 반의반도 못 찾고 상수리나무가 빽빽한 숲이 되는 것은 순전히 다람쥐 깜박증 때문이라나?

새 집을 지으려면

지난가을 추수한 열매
도토리묵 쑤어 먹자는 할머니에게 죄다 퍼 주고
남은 것이라곤 가지에 붙어 있는
빈 둥지입니다
헌 집을 잘 지켜야
새집을 지을 수 있다고
둥지는 눈 내리는 나무의 지붕이 되고
나무는 저물도록 둥지를 지킵니다

돌의 명상

텃밭에서 쓸모없다며 버려진 돌이
장아찌 담글 때는 쓸모 있는 돌이 된다
푸르렀던 날들 기억하며
고개를 빳빳이 쳐드는 성깔을
돌로 지그시 눌러 주어야 아삭아삭 알맞게 익는다

신이 만물을 세상에 보내실 때
저마다 역할 하나씩은 주셨다는데
아무짝에도 쓸데없다는 말은
어디에든 쓸 수 있다는 것

마른 깻잎 대궁 활활 불쏘시개로 타는 새벽
아무 데도 쓸데없다는 시를
쓸데가 있다며 밤을 새워 우기는 나를
돌처럼 가루가 되어 본 사람은
가루가 되어 더욱 단단해진 돌은
그런 일로 눈이 빨개지지 않는다며
간이 덜 밴 나를
꾸욱 누른다

뚫려 있다

외출에서 돌아와 창문을 여는데
인기척에 놀란 새 한 마리 몸을 날린다
어어, 하는 사이 반대편 창을 향해 돌진한다
방충망을 올리고 현관문도 활짝 열어젖혔지만
절망에 눈이 먼 새는
부엌 캐비닛에 거꾸로 매달려 잉크색 생똥을 갈긴다

길 잃은 새여!
누구나 길을 잃을 때가 있단다
다만 한 줄기 빛이라곤 들어올 틈이 없는
사방이 벽이라고 절망할 때
하늘은 뚫려 있다는 것을 생각할 수 없을 뿐
반나절 넘게 갇혀 있는 동안
활활 타올랐을 지옥의 불
사는 것이란
영원한 지옥도 영원한 천국도 아니란다
물고기가 새가 되어 마침내 하늘을 날 수 있는 것처럼
간절하라 간절하라

상처 입은 날개 훨훨 창공에
불꽃 피워라

마리사의 밥상

JFK공항 화장실 아기 기저귀 갈아 주는 받침대는 화장실 청소부 마리사의 밥상이다 새벽부터 여 승무원 엉덩이처럼 잘 빠진 변기 수십 개를 반들반들 닦고 나면 배 속에서 꼬르륵 물 내려가는 소리가 난다

구내식당까지 갈 시간이면 레스트룸 하나를 더 청소할 수 있다는 그녀, 뱃가죽처럼 달라붙은 고무장갑 벗을 새도 없이 받침대에 펼치는 아로스 꼰 뽀요* 일 보러 들락거리는 승객들 설레설레 고개 돌리는 표정 그녀의 등판은 다 보고 있다

비행기가 대지를 박차고 창공을 오르듯 고향 집 가족들도 나를 딛고 일어설 수 있다면 낳자마자 떼어 놓은 아기는 아장아장 할머니를 엄마라 부른다는데 화장실 창 너머 구름 속으로 꼬리 감추는 비행운 끌어당겨 겨우 오른 에어 멕시코 꿈속에서도 숨이 차다

두루마리 휴지처럼 흐트러지는 구름을 질끈 묶은 머

리카락으로 쓸어 올리고 딸아이 혼자 낳던 힘으로 하늘길을 닦는다

* 닭고기와 갖은 야채를 넣고 푹 익힌 걸쭉한 밥.

뉴욕 7번 지하철 광고판

오빠 술병 고치려고 큰언니는 안 해 본 것이 없다 알코올중독자 격리 치료도 시켜 보고 기도원에도 보내 보고 장가도 들여 보았지만 헛일이었다 "그래, 마 실컷 마시라 질에서 민 발티로 얼어 디지는 것보다 낫지" 언니는 동네 구멍가게에서 오빠가 외상으로 마신 술값을 형부 몰래 치르곤 했다

금 간 시멘트 틈에서 솟아난 풀을 악만 남은 주민들이 모질게 밟고 다니던 어느 날, 오빠는 행방 불명이 되었다 대졸 출신 아니라고 회사에서 잘렸을 때 "사장하고 해봐야제 와 죄 없는 술하고 해봐 하기를 빙시 같은 놈" 언니는 방구석에 널브러진 술병을 부축하며 속빈 등을 쓸어 주었다

전기세 가스세 고지서는 제 집을 꼬박꼬박 찾아왔다 뉴욕으로 돌아가야 하는 나는 빈말로 "언니 이 아파트 복덕방에 내놓자" "안 된데이 꼭 올 낀데 어데 가 밥 한 기륵 비러묵지도 못할 놈 마 콱 처자빠질 배포도 없

는 놈"

나는 뉴욕 7번 지하철, 알코올중독 퇴치 광고판에서 들것에 실린 행려병사자의 발목에 찬 번호 발찌를 유심히 본 적이 있다

수유리 라일락
— 고국 방문

수유리 골목을 매일 오르내린다 목욕탕 지나 김밥집 돌아가면 삼륜차에 가려 보이지 않던 나무 한 그루 시차로 울렁거리는 속 달래 준다 "이게 무슨 향기였더라?" "이 아주머니 이북에서 왔나 라일락도 모르세요" 등산 차림 여인이 갸우뚱 돌아선다 기억에도 향기가 있어 튀밥처럼 부풀은 라일락 꽃숭어리 두 손으로 받아 얼굴 가까이 대 본다

어릴 적 동네 골목 춘자 언니 분 냄새 같기도 하고 맨해튼 5번가를 스치는 여인의 향수 냄새 같기도 한 것이 배달하는 오빠 어깨에 살짝 얹혀 골목을 포르르 돌아간다

아침 일곱 시부터 밤 열두 시까지 우광슈퍼 지키는 노총각 사장님에게 우광빌라 혼자 사는 할머니들에게 이거라도 드시겠느냐며 햇살 미풍 가랑비 도넛구름 펼쳐 놓는 수유리 라일락

왜 이리 좋으냐 왜 이리 눈물이 난다냐

땅속의 집

텃밭을 갈아엎다가 벌레들의 집을 건드렸다
퍽! 얕은 담장이 무너질 때
살강엔 깻잎 한 장 쟁여 두지 않았고
바람벽엔 흙 묻은 옷 한 벌 걸어 두지 않았다
세상에서 가장 겸손한 살림이란
이런 것이구나
주인에게 손해가 가지 않을 만큼
별이 보일 만큼만
푸성귀를 뜯어 먹고 육필로 일기를 쓴다
오늘도 무사했다고
내일 일은 내일 걱정한다고

맨해튼 5번가

성 패트릭 성당 계단에 한국 걸인이 있다 풍문으로는 유학생이라는 둥 예술가라는 둥 한인 상점에서 일을 주어도 사흘을 넘기지 못하고 정착을 거부하는 인터내셔널 노마드, 눈만 높아진 예술가는 폐인 되기 십상이라는데 헐렁한 파카 밑으로 새나가는 과거를 꼭꼭 어민 맨발가락이 의외로 희다

동족이라는 충격에 발걸음이 머뭇거리자 “5불만 줍쇼 뜨끈한 국밥 한 그릇 사 먹게” “50전도 아니고 5불이라 고국은 억 억 한다더니 걸인도 통이 크구먼” 한 뭉태기 엉킨 머리칼 사이로 쭉 찢어진 눈이 네온에 찔린 초승달이다

예술가들의 꿈이 버드와이저 거품처럼 부푸는 곳, 오페라의 유령이 일만 회 공연을 하고 밤이면 새로운 누드쇼를 시작하는 명품 거리에서 한인 관광객 큰손들이 선심 쓰는 유에스 머니를 뜨끈한 양파 수프 사 먹으라며 동전만 달랑거리는 미국 걸인 포켓에 쿡 찔러 넣고 사라지는 한국 걸인

일회용 삶이란 기도처럼 간절하고 촛불처럼 흔들리는 것 성당의 종소리 잠 못 이루는 야행성 짐승의 어깨를 감싸 안는다

고기 삼 인분 더요
— 고국 방문

양로원에 있는 오빠 면회를 갔다 오빠는 휠체어를 타고 밖으로 나왔다 찌르는 햇살에도 상처 받는 것일까 야윈 손으로 얼굴을 감쌌다 "내다 미국서 막내도 왔다" 큰언니는 오빠의 무릎에서 흘러내리는 쪼가리 담요를 꼭꼭 여미며 가까운 식당으로 휠체어를 밀었다

오빠는 불판의 고기가 채 익기도 전 참기름도 바르지 않고 연거푸 고기를 먹었다 "식사 많이 드리시면 안 돼요 화장실 자주 가시거든요" 봉사자의 주의가 귓전을 맴돌았다 나는 언니에게 눈짓을 했다 헛기침을 하고 난 언니는 "가다가 슈퍼에 들러 과일서껀 빵도 한 보따리 사서 양로원 전 직원에게 돌리자" 큰언니는 알맞게 구운 고기를 연신 오빠 접시에 놓았다 "여기 고기 삼 인분 더요 연한 걸로"

몽당연필

달리는 지하철 안에서
여자가 남자의 가슴에 뭔가를 쓰고 있다
그것은 민소매 어깨 바로 아래 뭉텅 잘려나간
반 뼘도 안 되는 몽당연필이었다
여자는 그것으로 꺼칠한 남자의 수염을
사그락사그락 문지르기도 하고
남자의 심장을 톡톡 노크한다
걱정 마 잘될 거야 그럴 수도 있지 뭐 난 괜찮아…….
사각사각 제 살을 깎으며
남자의 가슴팍에 꾹꾹 침을 발라 가며 쓰는
몽당연필
닳지 않은 한쪽 팔이 어색해 보였다
여자의 떨어져 나간 팔
끄트머리에 천수가 돋아난 듯
천 길 땅속 입 꾹 다물고 집으로 가는
승객들의 고단한 하루
남자의 빈칸에 구불구불 목쉰 기적을 지우며
쓰고 또 쓴다

물리치료 대기실

긴 생머리를 늘어트린 여자가 신문을 펼쳐 놓고 뭔가를 메모하고 있다 간호사가 그녀의 이름을 호명하고 나는 그녀가 메모하던 신문을 펼쳐 밑줄 없는 그녀의 시선을 따라간다

작은 가방에 매트로 카드만 가지고 행선지 없이 떠나는 여자, 혼자 다니기를 좋아하나 가끔은 타임스퀘어 42번가 지하전철역 같은 곳에서 얼룩진 판초를 걸치고 바이언과 무시까*, 한잔의 비노**만 있다면 떠나간 사랑도 인생의 고단함도 견딜 수 있다는 멕시칸의 마리아치 발장단을 치다가 방향감각을 잃어버리는

스타벅스 종이컵에 뜬 뭉게구름 삼키고 록펠러센터 꼭대기 하얀 새털구름으로 떠 있는 기울어진 삶도 눈부실 때가 있다는 것에 밑줄을 치려 하자 간호사가 기우뚱 내 어깨를 호명한다

---

* 바이올린과 음악.

** 와인.

뭉크의 절규

관람객들이 발길을 떼지 못하는 것은
소더비 경매 천삼백오십오억이라는 가격 때문만은 아닐 것이다
노을이 핏빛으로 물든 다리 위에서
공포에 질린 얼굴을 감싸고 있는 유령
그것은 뜻밖에 마주친 우리들의 자화상이 아닐까

신에게조차도 들키고 싶지 않은 내 안의 나
또 하나의 내가 너무 버거워서 나를 버리고
필사적으로 아주 멀쩡한 얼굴로 그럭저럭 살아가고 있는데,

누군가의 비명 소리에 발길이 얼어붙는 것은
문득 낯선 곳에 버렸던 진짜인 내가
가짜인 나를 알아보고 지르는 비명
노을이 검붉은 해안 다리 난간에서

소년과 백골

맨해튼 현대미술관 전시실
금발의 미소년이 해골 아래 알몸으로 누워 있다
마네킹이거니 하고 슬슬 발길을 옮기는데
소년의 시선이 나를 따라온다
백골 밑에서 부드럽게 숨 쉬는 갈비뼈
뼈를 싸고 있는 옆구리 근육은 삶처럼 질겨 보인다

그 눈부신 날것 위에 태연히 누워 있는
눈구멍이 뻥 뚫린 백골
봐라,
백골의 눈구멍에 눈물이 고인다
소년이 눈을 껌벅거린다

햐! 기막힌 메타포
죽음은 알몸으로 저리 홀가분한데
옷 한 벌을 위해 알몸으로 아르바이트하는
소년의 하루는 실오라기처럼 무거워

맨해튼 5번가를 누비는 싱싱한 날것들
색색이 켜지는 상점의 조명처럼 눈이 부신 것은
저를 응시하는 백골이 보고 있기 때문이다

뚜껑 없는 집

운동화 속 새 새끼 네 마리가 부화했다
어미가 물고 온 먹이를 서로 받아먹으려고
찢어지게 입을 벌리는 광경이
가난한 집 밥상이다
누군가 신다 버린 신발도 가족이 모일 때
아늑한 집이 될 수 있구나
허기진 세상을 기웃거리다가
발이 아프면 돌아와
제일 먼저 신발을 벗을 수 있는 곳
신발 끈 바싹 졸라매어도 헐거워지는
생의 끈을 두 손으로 고쳐 맬 수 있는 곳
하늘을 지붕 삼아
비 오면 젖고 날 들면 말리는
뚜껑 없는 집
쨍하고 해 뜰 날 있다

우주의 젖이 돈다

신문에서 임신 2개월 된 중국 여자가 뇌출혈로 쓰러져 머리에 친친 붕대를 감고 누워 있다 남편은 산모의 회복을 위해 인공유산에 동의한다 간절하면 고이는 것일까 의식이 없는 그녀가 눈물을 흘린다 눈물을 본 남편은 동의서를 찢어 버린다 매일 신선한 물고기와 야채 쇠고기 영양식을 먹인다 욕창이 나지 않게 물에 불은 통나무 같은 그녀의 몸뚱어리를 하루에 몇 번씩 주방에서 반죽 굴리던 솜씨로 굴리고 닦아 준다

양수에 둥둥 뜬 아기는 아빠가 넣어 주는 영양식을 쪽쪽 빨아 토종 밤톨 주먹으로 힘차게 엄마를 깨웠을 것이다 배꼽과 배꼽이 타전했을 것이다 몇 달 후 제왕절개 수술을 통해 태어난 건강한 남자 아기 엄마는 아기 아빠가 묻는 말에 눈을 깜박깜박, 고개를 끄덕끄덕 반응을 보인다 신에게 기도하듯, 아기를 안고 싶은 듯 양팔을 허공에 들이 올리곤 한다

팽! 우주의 젖이 돈다

민들레 방석

인도에 펼쳐 놓은 나무그늘

남자 걸인이 여자 걸인 무릎을 베고

낮잠을 자고 있다

쇼핑 카트에 조롱조롱 매달린 비닐 봉다리 남루

속수무책으로 바람에 꾸벅거리는데

나와 눈이 마주친 여자

길가에 핀 민들레 방석처럼 웃는다

침을 삼킨다

이른 아침 백발 장님이 혼자 차도를 건너신다
스톱 스톱! 천하를 호령하는 여장부처럼
흰 지팡이를 앞으로 뻗어 사열 받는 장군님처럼
백발 휘날리며 길을 건너신다

신호등은 파란불인데
오가던 자동차 행렬 일제히 스톱이다
행인도, 나무이파리도, 참새도, 구름도,
한 컷 스냅이다
백발의 지팡이에 순간이 멈추는 것은
만물에게도 눈이 있기 때문일 터

가만, 왼쪽으로 기울던 지구별
꼴까닥, 마른 침을 삼킨다

내 안에 날 선 것

A4 용지에 손가락을 베였다
생살을 저미는 전율
부드러운 것도 날이 될 수 있다는 눈치, 채지 못했다
상처가 덧나지 않게 한 손으로 세수를 하고, 머리를 감고,
밴드를 떼어내자 참았다는 듯 피가 다시 스며 나왔다
내 안에 날 선 것이 있어
피는 어느 때고 배어 나오는 것일까
벼린 날에 스친 것보다
종이에 베인 상처가 더 아픈 것은
너를 가볍게 여겼기 때문일 것이다
가로로 세워 네 귀퉁이를 만지작거리며
볼펜으로 콕콕 찌르기도 하고
구겼다 폈다 할 때부터 너는
날을 세웠을 것이다
열흘쯤 지나 딱지가 앉았을 때
부드러운 것에 베인 자리가
더 오래 아픈 것은

구겨진 이목구비, 너에게도
하얗게 밤을 지새운
흔적이 있기 때문이다

그녀의 사각모

겨울 쓰레기 더미에서 무언가 미세하게 움직인다 뭐지? 한밤 쓰레기통을 몰래 뒤지는 라쿤처럼 작은 여자가 비닐 모자에서 빗물을 연신 훑으며 먼동이 틀 때가지 분리수거를 한다

불체자인 그녀가 내세울 것이라곤 날렵한 몸뚱아리 하나, 지나가는 경찰만 보아도 찌그러진 맥주 캔처럼 가슴이 오그라든다 세 살, 두 살배기 딸아이 잠이 깰 무렵 쇼핑 카트에 제 몸보다 몇 배나 되는 꿈을 묶어 이십여 년 동안 언덕을 오른다 두 딸이 대학 졸업하는 날 사각모를 쓴 그녀가 뉴욕타임스 아침 신문 일면에서 웃는다 오월 햇살에 이빨 빠진 빈 병처럼

붉은 발가락

비둘기에게 먹이를 주지 말라는 뉴욕 시 공문이 뜬 후
노던블러바드엔 비둘기가 사라졌다
누런 봉지를 든 사람들도 사라졌다
사라져 가는 것들이 살아남기 위해 짓는
죄는 무조건 덮어 주고 싶은 듯
싸락눈이 내리는데
바퀴에 짓눌린 팬케이크 한 조각
헤드라이트를 켠 채 경적을 울리는 자동차 사이로
붉은 발가락이 아슬아슬하다
먹이 있는 곳은 적이 있는 곳
버터 냄새 바른 한 떼의 비둘기에게
홈그라운드를 빼앗긴 토종 비들기
역전을 노리며 주위를 빙빙 돈다
물러설 수 없는,
발가락 한 개쯤 잘리어도
절뚝거리지 않는다

성탄 전야

성에 낀 유리창에 오색등이 켜진다
거리는 선물 꾸러미를 든 사람들로 반짝거린다
플러싱 7번 지하철역 앞 구세군 종소리
걸인의 손바닥에도,
여인이 안고 가는 포인세티아 꽃잎 위에도,
댕그랑댕그랑 앉는다

오늘은 보너스 봉투를 열어
모르는 이에게라도 선물을 주고 싶다
까마득한 기억에서
성전에서 기도하고 싶다

아득히 추억처럼 울려 퍼지는
성가에 이끌려
십자가 첨탑을 우러러볼 때
낮아져야 뵈올 수 있다는
지상에서 가장 쓸쓸했던 사나이

결빙의 손등에
거즈 조각 같은 첫눈이
멈칫거린다

얼음꽃에게

지난해보다 따뜻한 뉴욕의 일월
봄인 줄 알고
수선화가 피었다 잠깐
폭설이 퍼붓는다, 몇 며칠
땅속으로 들어갈 수도
그대로 피어 있을 수도 없는

사람도 이와 같이
착각 속에 들 때가 있어
얼음꽃이 된 수선화야
시리지 않는 삶이 어디 있을까마는
시리기만 한 삶도 없단다
한때의 착각이 얼어 버린 꽃밭
돌아오는 봄에는
환한 등불이 될 거야

복수초

눈 위에 눈

그 위에 또 눈

쌓인 눈을 동그랗게 녹이고

누가 얼음 꽃병에 꽂아 놓은 것처럼

꽃이 피었습니다

파티 끝난 연회장처럼 썰렁한

이월 꽃 한 포기 피우려

뿌리가 뜨겁습니다

자세히 보려면

무릎을 꿇어야 합니다

애서배스카 빙하*

독수리 한 점 없는 빙원
선글라스 낀 외계인들이
만년을 녹이고,
얼리고 다시 녹는 빙하수
한 모금만 마셔도 백 년을 산다는 안내자의 너스레에
구름이 딸국질을 한다
아들 손자 몫까지 배낭 가득 채우고
빙하 옆구리를 뜯어 차력사처럼 으드득 깨문다
설산에 걸린 낮달이 와장창 깨진다

외계인들이 휘젓고 돌아간
빙하 옆구리
겨울도 아닌 날
천 년 전 눈발이 틀어막는다

---

* 캐나다 로키산맥에서 가장 큰 빙원.

시집이 있던 자리

단골 서점에 들렀다 시집이 있던 자리에 100세까지 건강하게 사는 법, 허벅지 살 이렇게 빼세요 베스트셀러라는 책들이 즐비하다

"여기 있던 시집들 시집갔나요?" "고객님도 참, 신랑이 있어야 시집을 가죠 저도 안 팔리고 있는 걸요" 서점 아가씨는 능청을 떨며 책장 꼭대기를 가리킨다

꼭대기에 다닥다닥 붙어 있는 시의 집, 어릴 적 살던 산 1번지 달동네 같다 자고 나면 하나둘 늘어나는 무허가 판잣집 사이로 새는 불빛 따라 두레상에 앉아 사각사각 백지를 갉아 먹는, 갉아 먹은 백지를 게워 내는 착한 벌레처럼

아, 밤새 몇 채의 집이 바람에 쓰러졌다 일어날 것인가

신호등

우연일까
신호등마다 파란불 켜지는 날 있다
브레이크 걸지 않고 워싱턴 철교를 질주한다
다리 건너 쌍둥이 빌딩 폭파되던 날
초를 다투는 엘리베이터 앞에서
장애인 친구를 먼저 태우고
버섯구름 속으로 사라진
섬 이야기
철교 아래 때로는 수심 깊은 슬픔의 강
역류한다는 것을 누구도 알지 못한다

불운일까
신호등마다 빨간불 켜지는 날
목적지까지 요리조리 빠져나가 보지만
사는 것에 지름길은 없다는 듯
과부하에 걸린다
직진도, 후진도, 할 수 없는
창밖을 바라본다

가드레일 따라 콜록콜록 기침하는
질경이, 바랭이, 토끼풀,
정원에 핀 화려한 꽃보다
오래 눈길을 끄는 이유 알 것 같다

행운일까
반쯤 내린 차창을 두 발로 꼭 잡은
말티즈
과부하 걸린 인간 세상을
초롱초롱한 눈으로 구경하고 있다

남자의 능력

남자가 유모차를 밀고 전철에 오른다
유모차에 드리운 흰 덮개를 젖히자
쌍둥이가 동시에 응아응아 울음을 터트린다

오전 열 시경 전철 속 사람들 몸을 비비 트는데
분유를 흔들어 아기에게 젖병을 물리는
손길은 분주하다

아기들은 우윳빛 발을 까닥까닥
아빠의 눈빛을 꼭 쥐고 오물오물 젖병을 빤다
터널 속 희미한 승객들
차창 밖 풍경처럼 환해진다

아기 엄마는 일하러 갔을까?
연봉 많은 아내의 능력을 인정하고
장 보고, 요리하고, 청소하고, 아기 기르는 것도
남자의 능력이 아닐까

전철 문이 활짝 열리자 기저귀 가방을 멘 사내가
번쩍 쌍우주를 들어 내린다

연어의 꿈

석양이 흐르는 강으로 한 무리 연어들이
검붉은 등을 모은다
죽음의 길도 여럿이 가면 두렵지 않은가
유성은 홀로 지며 파랗게 떨고
어머니도 눈 감을 땐 무섭다 했지
사실은 우리도 가고 있는 길
간혹 허무를 노래하지

갈대도 허리 숙여 너를 보고 있지
앵둣빛 알을 품고
작살과 독수리를 피해
칼날 비늘을 세웠지
폭포를 가르는 고통을
바다는 알고 있지

어머니의 어머니가
그 어머니의 어머니가
아기를 혼자 낳고 탯줄을 끊어 내듯

눈 뜨고도 바라보는

물살이 흔드는 붉은 생명

어머머!

팔월 뒤뜰은 잡초 반 잔디 반이다
잡초만 가려 뽑아 낼 엄두가 나지 않는다
속 뿌리에 닿을 때까지 제초제를 뿌린다
다음 날 나가 보니 어머머!
고양이 눈빛처럼
밤을 지새우고 있는
샛노란 고양이밥꽃

한 번도 피지 못하고
눈감는 삶은 없다

몸값

비 내리는 새벽 노던블러바드 거리
인력시장으로 멕시칸 우루과이 페루 노동자들이 모여든다
연변에서 온 김 씨 실내 보조 일이라도 얻을까
축축한 지하방 고장 난 우산처럼
젖은 마음 받치고 거리로 나온다
그곳 노동자들의 일당은 백이십 달러이다
키도 작고 영어도 모르는 그는
제 스스로를 두만강변 덜덜거리는 중고차라 여기고
몸값을 육십 달러로 매긴다
속도를 늦추며 다가오는 밴 차창 너머
글썽거리는 빗물 사이로
손가락 여섯 개를 펴 보이는 김 씨
미국까지 끌고 온 브로커는
사내의 몸값이 삼만 달러라 한다

토요일 아침

한국 슈퍼마켓 젊은 아들이 치매기 있어 보이는 어머니 손을 꼭 잡고 장을 본다 과일 진열대 앞에서 "엄마 딸기 살까?" "얼맨데?" "여기 가격 써 있잖아" "깎아야지" "여기는 정찰제야" "정찰제가 뭐여" 키가 아들 옆구리께 오는 어머니는 아이처럼 아들을 올려다본다

아들은 어머니를 이끌고 반찬 코너로 간다 "엄마 이것 맛볼래?" "얼맨데?" "맛배기는 공짜야" "그래도 깎아야지" 어머니가 싸 주시던 도시락 반찬 맛보듯 오뎅 닭볶음 오징어젓 요지로 꼭꼭 찍어 어머니 입에 넣어 준다 어머니도 닭볶음 한 점 아들 입에 넣어 준다 "엄마 살까?" "깎아 달라구 해" 어머니는 자신을 깎아 내듯 깎고 또 깎아 내린다

나는 파뿌리처럼 하얀 어머니와 콩나물처럼 훌쩍한 아들이 손을 잡고 장 보는 모습을 넋을 잃고 바라본다 장을 보는 엄마들의 눈길이 따스하다 "세상에 어쩜,

인류역사박물관에도 저런 시뮬레이션은 없을 거야"
카트에 어린 아들을 태운 엄마의 목소리가 떨린다

세상의 불효자들이 용서받는 아침

정전停電

뉴욕에 상륙한 허리케인 샌디가 전봇대를 쓰러트렸다
디지털 기기의 소음이 끊어진 집 안은
칠흑 같은 어둠에 쌓였다
나는 지문이 지워진 검지에 침을 발라
마우스 대신 접어 둔 책을 촛불 아래 펼쳤다
어릴 적 시골 큰아버지 집에선 손님 오실 때만 켰던
마당의 꽃들까지 환해지던 촛불
문명에 녹슨 나는 순한 불빛 아래 문장이 어른거렸다
침침한 눈을 감았다

속도에 승부를 걸고
한 번도 뒤돌아보지 않고 달려오는 동안
사람들은 너 혼자 잘 먹고 잘살라며
하나, 둘 내 곁을 떠났다
혼자 남는다는 것은
방향을 잃어버리는 것
속도보다는 방향을
눈이 시린 빛보다는 한 발자국 뒤에서

어둠의 배경이 되는 촛불처럼
나도 누군가의 배경이 되고 싶다

아스팔트장葬

방금 자동차에 부딪친 듯
새 한 마리
생을 헛발질하고 있다
갓길 한적한 곳으로 옮겨 줄까 하다가
페달에 힘을 주었다
달리며 생각하니
내 머리에 똥 한번 갈긴 적 없고
빗물 한 모금 받아준 적 없는데
꺼져 가는 눈망울이 자꾸 밟혔다

과속의 행렬이 즐겁게 치른
아스팔트장葬

짧은 여행 긴 꿈
— 하디시즘의 우화

대장 검사 받는 날 수면마취주사를 맞고 낯선 길을 떠난다

바람 부는 붉은 언덕에 수많은 쪽지 오색으로 반짝이는 이상한 나무를 만난다 슬픔의 나무라니 슬픔에도 빛이 있었단 말인가? 살아온 이야기를 종이에 적어 나뭇가지에 걸고 다른 사람들이 겪은 온갖 사연을 읽는다 그 중 하나를 나의 삶으로 선택해야 왔던 길로 되돌려 보낸다는 수문장나무

나는 조금이라도 편한 삶을 택하려 해가 질 때까지 나무를 빙빙 돈다 다른 사람의 이야기를 읽고 또 읽는다 쪽지는 색깔만 화려할 뿐 눈물과 결핍으로 얼룩지지 않은 삶은 그 어디에도 없다

아득한 들에서 밀봉된 쪽지들 황사에 쓸려 오고 바람이 눈물을 거두어 왔던 길로 되돌아간다

처방 없는 처방

유학생 집 냉장고에 묶여 있던 잡종 개
한솥밥을 먹게 되었다
목줄을 풀어 주고
아늑한 보금자리를 마련해 주었지만
이내 묶여 있던 자세로 돌아간다
최선의 방어인 듯

사람 눈에 띄지 않으려고
목이 말라도 오줌이 마려워도
참는 것이 가득 찬
머루알 눈
늘 촉촉하다

청진기로 진찰하던 수의사
"개도 울어요"
"눈물엔 처방이 없습니다"

천국과 새털

예배 시간에 목사님이 새털을 가지고 왔다 "사랑하는 성도 여러분 천국 가고 싶은 사람 손들어 보세요" 모든 성도들이 일제히 손을 들었다

"제가 가지고 있는 이 새털이 날아가 앉는 사람은 지금 천국에 갑니다"

목사님은 신도들을 향해 새털을 후~ 불었다 그것은 날아가 장로님의 어깨에 사뿐 앉을 듯하다가 후까시한 집사님의 머리가 제 둥지인 줄 알고 기웃거렸다

놀란 신도들은 새털을 피하느라 예배당이 술렁거렸다 똥밭에 굴러도 천국보다 이승이, 천당보다 예배당이 훨씬 좋다는……

주여! 새처럼 놀란 가슴을 쓸어내렸다 스테인드글라스 맨발의 예수가 크 웃었다

질투

간 이식수술 받은 칠십대 할머니
마룻바닥에 꼬부리고 누워 전기 고데기로 머리를 만다
말라 터진 입술 사이로 신음을 삼키며
"할머니 그렇게 아픈데 고데는 뭐하러 하세요?"
도우미 아줌마가 물었다
"영감이 젊은 년들하고 등산 갔다가 올 시간 됐잖아!"

횡재한 날

바자회 헌책들 사이에 끼어 있는
자주색 표지의 시집 한 권
일 불에 샀습니다

누구일까요

나는 늘 당신의 그늘 안에 있습니다*라는 시구에
밑줄 친 그대는

---

* 조병화 시 「나의 사랑, 둘」에서 인용.

참회

사람 미워하지 않게 해 달라고
기도합니다
미워하는 사람 또 하나 늘었습니다
먹기 위해 사는 것이 아니라
살기 위해 먹겠습니다
앞마당 명자 꽃에게 맹세하며
소반 밥처럼
순결한 적도 있었으나
허리 사이즈 굵어질까
잔반을 명자나무 아래 버렸습니다
성전에서 참회하며 눈물 흘리고
집에 돌아와 옷을 벗을 때
신앙도 함께 벗어 던집니다

기도

어떤 시인은 수술 전 느낌을
수술실 불빛처럼 기억해 두었다가
시를 쓴다고 한다는데
심장수술실로 실려 가는 아들의
부은 발을 보듬으며
나는 머릿속이 백지가 되었습니다
보호자 대기실 벽시계는
고장 난 형광등처럼 끔뻑거리는데
나도 모르게 한 줄의 시를 붙들고 있다가
"붙들 수 있는 것이 시밖에 없구나"
막막할 때
아들 이름에 환하게 불이 켜졌습니다
내 곁을 지키고 있던 한 줄 시,
가장 간곡한 기도인 줄 알았습니다

순간

어물전 얼음 조각 사이로
한치를 입에 물고 허공을 노려보는
생태 한 마리
"저걸로 주세요 자르지 말고……"
집으로 돌아오는 좁아터진 비닐봉지 속
동그랗게 갇혀
먹이를 꽉 물고 있다
바다의 수심을 잴 수 없던 꼬리지느러미로
아가리만 남은 생을 가는구나
평생 목구멍이 휘었구나
어쩌다 촘촘한 그물에 걸려
사투를 벌이는 절명의 순간에도
입을 닫지 못하고 있구나
먹기 위해 사는 것이 아니라
살기 위해 죽었구나

케스킬 산정에서

숲을 헤치고 죽죽 뻗은 은사시나무를 지나
산을 오른다
길을 가로막으며 하늘에 닿아 있는
호수 한 자락
낮달이 슥 베어도 흉터 한 점 없다
생각의 뿌리까지 맑아지는
우주의 탄생이 시작될 때부터
호수의 비밀을 알고 있는 해에게
배낭 짐처럼 어지러운 속 열어 보인다
단순해지고 싶다
나뭇잎처럼 가벼워지고 싶다는
나에게
산정에서 홀로 설 줄 아는 나무
무거운 등을 떠민다

간을 본다

8월 한낮 기온은 36.5도
신장개업 맥도널드 가게 앞에서
곰 가죽 뒤집어 쓴 남자가 광고지를 돌리고 있다

아이들은 뒷걸음치며 꼬리를 당기고
어른들은 핥던 아이스크림을 들이댄다
놀림을 당해도 히죽히죽 웃는
쓸개 빠진 곰
삼 개월 만에 얻은 일자리
눈물이 날수록 신명이 난다

물구나무를 한 채
구경꾼들이 던지는 프렌치프라이, 빨대를
날름날름 받아야 재주 있는 곰이란다
땡볕은 털 자루 속 남자를 달구고
사장님은 굿 잡! 돈 봉투를 들이민다

가난한 나라에선 생일에만 먹을 수 있다는

점보사이즈 더블버그
세끼 배를 채워도 공짜인 빵은
심장에 박힌 달

물려받은 것이라곤
낙천적 인생,
토막 낸 날감자가 갈색으로 익는
오후의 아스팔트
발바닥을 번갈아 뒤집으며
삶의 간을 맛본다

플러싱교회 아까시나무

이민 1번지, 플러싱교회 마당에 백 살 넘은 아까시나무가 있다 건너편 아파트 창문으로 향기 불어넣는 키만큼 품도 넉넉하다

군대 시절 빛나는 별이 두 개였다는 슈 리페어 박 사장, 대기업 하청 부품공장을 운영했다는 스카이클리너 김 사장, 예배 마치고 하나님 품보다 넓은 아까시나무에 기대어 그늘을 늘였다 줄였다 한다

"나 말이야 지금은 풍진 세월 주름이나 펴고 있는 머슴이지만, 왕년에 하늘의 별을 두 개씩이나 따서 어깨에 달아 본 놈 있음 나와 보라고 해" 아까시나무가 꽃 이야기를 주렁주렁 매달고 수천 개 귀를 팔랑거린다

삼 년 전 마련한 개나리 울타리 집 은행 쇼트 세일로 쓰러진 정 집사, 나무가 긴 가지로 그들의 희끗희끗한 머리칼 초록 물 들인다

“마 이렇다 저렇다 캐 사도 여가 맘 편한 기라 마누라한테 출근한다 캐 놓고 사이다 고원이다 양복 빼 입고 헤매는 오십 줄의 백수들 아파트 평수가 인격 평수가 되는 고국보다야 우리 모도 사장님 아이가 허한 속 짜장면 곱배기로 배 채우고 쪼매만 견뎌 보재이”

수타면처럼 쫄깃쫄깃한 면 위에 듬뿍 얹은 소스처럼 진한 정을 비빈다 고추짬뽕 국물보다 매운 땀 흘리며 뿌리 옮긴 삶 바람이 불 때마다 잎사귀는 출렁거리고 뿌리는 깊어진다 백발 정정하신 아버지 그늘에서

어머니의 고추

허리 인대가 늘어나 한 손으로 방바닥을 짚고 엉덩이로 몸을 밀어 출렁출렁 고추 화분에 물을 주시던 어머님이 돌아가셨다

조문객들은 영정 앞에서 "구십 대까지 살다 간 노인도 이승에 미련이 있을까 자식들도 홀가분할 거여" 훌쩍훌쩍 소주잔을 기울인다

장례 후 어머님이 사시던 아파트 세간 정리를 하러 갔다 베란다 화분에 저 혼자 빨갛게 익은 고추, 아파트 외로운 불빛처럼 흔들리는 것을 어머니는 저 별에서 깜빡깜빡 자꾸 돌아보신다

안락사

사람보다 천 배나 후각이 발달된 개는 안락사 시키는 병원 입구에서부터 네 발을 버팅기며 엄마! 울부짖는다는데, 우리 집 복실이는 고려장 시키려 낯선 산굴 속으로 아들 등에 업혀 가는 어머니처럼 고분고분하다

안락사 테이블 위에서 작별을 예감한 듯 고여 있는 슬픔이 내 손등을 핥는다 준비됐나요? 복실이 발을 꾹 찍어 기념이라며 건네주는 간호사, 짐승도 존엄사 할 권리가 있다는 듯 안락사 주사 전 안정제 주사를 먼저 줄 것이라 말한다 살아 있는 것과 죽은 것의 경계는 모가지를 조이고 있던 밥줄이 스르르 풀리는 것, 긴장했던 생의 꼬리가 느슨해진다

족적이 담긴 상자를 유골함처럼 고이 안고 돌아왔을 때 넝그러니 빈 개집만 꼬리를 흔들고 있다

왓츠 더 메러 영 레이디

두툼한 입술에 빨간 립스틱 흑인 여자 손님이 가게에 들어왔다 진열된 상품들을 둘러보다가 '생큐' 하고 돌아서는 여자의 젖가슴 사이에 탱탱한 라면 면발처럼 고불고불한 헤어 컬링 "익스큐즈 미 꼭꼭 숨어도 머리카락 보이네" 당황한 여자는 냅다 가발을 패대기치며 쌍욕을 하고 나갔다 흑인 동네에서 장사한 지 십수 년, 구겨진 원 달러짜리 모으는 재미로 그냥 눈감아 줄 걸 그랬나 무더운 오후 내내 조명을 받으며 가발을 뒤집어쓰고 있는 흑인 마네킹이 땀을 흘렸다

어느 날 우편배달부가 누런 봉투를 내밀며 사인을 하란다 유목의 바람 찬 벌판을 헤쳐 온 나는 얼마 전 가발 사건이 떠올랐다 예상대로 법원 출두명령서였다 가게를 닫고 법원에 갔으나 고발한 여자는 나오지 않았다 두 번, 세 번째 출두한 날 여자는 판사 앞에서 "저 동양 여자가 물건을 사러 온 내게 느닷없이 금목걸이를 낚아채었다"라고 말했다 구렁이 같은 여자의 목줄기에 할퀸 자국도 있었다

“이제부터 당신은 영어 한마디 못하는 벙어리요 벙어리” 내 변호사는 상대방이 뭐라 하든 절대 아무 말 하지 말 것을 당부했다 벙어리 행세를 하며 눈만 껌벅거리던 나는 흑인 여자의 뱀 혓바닥처럼 날름거리는 거짓말에 그만 콩글리시로 삿대질을 하고 말았다 “내가 언제 언제 이거 순 상습범에 적반하장” 하며 침을 튀겼다 여자는 빼앗긴 금목걸이 가격이 천팔백 달러라며 낡은 영수증까지 펼쳐 보였다 풀이 죽어 법원 밖으로 나온 나에게 변호사는 “내가 아무 소리 말랬잖소! 수고비” 하며 나를 외면했다 나는 준비한 오백 달러를 건넸다

법원 밖 계단에 일그러진 낮달로 쭈그려 앉은 나를 보고 드럼통처럼 굴러 온 흑인 남자가 “뷰리풀 데이, 왓츠 너 메리 영 레이디” 흰 이를 드러내고 웃었다

산나리

우아하지 않고 향기도 없는
나는, 누구의 품에도 안겨 본 적 없습니다

축제의 자리는 물론 장례식조차 모가지가 비뚤어진 꽃은
꺼려 한답니다

누구에게 보이기 위해 피어 본 적 없습니다
비 온 뒤 들이나 살아 있는 것들의 떨림이 배어 있는
바람을 가장 좋아합니다

보세요, 삐죽삐죽한 돌멩이
버러지들에게도 깔따기, 똥방개, 끈끈이주걱
저희들끼리 통하는 애칭이 있다는 것,
모두 제 것에 딱 어울리는 표정이 있다는 것

내가 거센 바람 불 때마다 분질러지지 않은 것은
생긴 대로 살았기 때문입니다

지난 밤 허리케인에 비뚤어진 모가지가 더 삐딱해졌어도
살아 있는 것에 자축하는 점 하나
꾹, 찍습니다

흑백 캔버스

캄캄한 허공은 캔버스
큰 나뭇가지가 어린 가지를, 어린 가지가 더 어린 가지를,
두 손으로 받치고 있는
배경을 스케치해 본 적 없습니다

하늘에서는 흰 눈송이를 찢어
실핏줄 드러난 생채기를 챙챙 싸매 줍니다

순간 새 한 마리
핀트 맞지 않은 사진처럼
캔버스를 뚫고 날아갑니다

풀벌레의 합창

합창에 파트가 있듯이
풀벌레 노래에도
음音 자리가 있는 것을 알았습니다

수컷이 굵은 바리톤 아니면
고개 숙인 알토로 울음 삼키면

청아한 테너 아랫배에 힘주고
명주실보다 가는 소프라노
푸른 멍이 됩니다

도시의 하루가 끝나는
밤하늘 가득
힘들었지
그래그래, 아니 아니
오늘도 참 많이 울었습니다

공항 굴뚝새

JFK공항 청사 식당 창가에 굴뚝새 한 마리가
폴짝폴짝 뛰어다닌다
뜻밖의 광경에 즐거운 승객들은 밥 알갱이, 빵조각을 던져 준다
청소부가 창밖으로 새를 내보내려 갖은 방법을 써보지만
은밀히 터놓은 문명의 미로를 다시 찾아든단다

카멜레온처럼 땅에서는 땅색 나무에서는 나무색으로
먼저 먹어야 먹히지 않는 비정한 먹이사슬
저보다 센 놈, 빠른 놈의 밥이 되지 않기 위해
숲을 잊어버린 굴뚝새,
새는 무언가를 기억해 내려는 듯
갸우뚱 창밖을 바라본다

가시고기

찌를 것은

저밖에 없다

무명

신호 대기 중인 버스 창가에
가드레일 따라 흔들리는 풀꽃
속눈썹을 깜박거리며
내게로 옵니다

내가 이름을 불러 주지 않았는데도
내게로 와서 꽃이 됩니다*
무명은 무명을 알아봅니다

---

* 김춘수 시 「꽃」에서 인용.

작품 해설

물살이 흔드는 저 붉은 생명들처럼

오홍진
(문학평론가)

1.

복영미는 「폭설」이라는 시에서 "사는 일보다 추운 것이 또 있을까"라는 물음을 던지고 있다. 사는 일이 가장 추운 일이라는 인식이 무어 그리 특별한 것은 아니다. 시를 쓴다는 것 자체가 어떻게 보면 추운 삶의 한 단면일 수 있기 때문이다. 시를 쓴다고 생활이 해결되는 게 아니고 보면, '시를 쓰는 일보다 추운 것이 더 있을까' 라는 물음 또한 이 시대의 시인들에게 절박하게 다가온다고 볼 수 있다. 요컨대 사는 게 춥다고 말하는 건 쉽지만, 그것을 절박하게 표현하는 건 말만큼

쉽지 않다. 절박하다는 것은 시를 쓰지 않으면 살 수 없다는 의미를 내포하고 있다. 정확히 말하면 절박함의 맥락에는 시를 쓰기 위해서라면 추운 삶도 기꺼이 감수하겠다는 주체의 의지가 담겨 있다. 절박함이라는 말이 관념을 넘어 감각의 세계와 결부되어야 하는 이유는 여기에 있다. 추위라는 시어가 이미 감각을 내포하고 있듯, 절박함이라는 시적 상황은 구체적인 감각으로 표현되어야 독자들의 가슴을 울릴 수 있다.

다시 「폭설」을 참조한다면, "하얀 도화지에// 은사시나무 한 그루"가 몰아치는 눈발 아래 "수직의 각오로 서 있다". 쓰러지면 일어서지 못하는 게 나무의 운명—자연이다. "수직의 각오"는 그러므로 목숨을 걸고 한겨울의 눈발과 싸우겠다는 나무의 의지를 감각적으로 표현한다. 눈발에 지면, 달리 말해 수직의 각오를 포기하면 나무는 나무로서의 생生을 내려놓을 수밖에 없다. 하얀 도화지 위에 펼쳐지는 은사시나무의 수묵화는 사는 일이 추위—죽음과의 끊임없는 사투와 다르지 않다는 것을 에둘러 드러낸다. 폭설에도 수직의 각오를 포기하지 않는 나무의 삶이 곧 복영미 시인이 추구하는 시의 지향점이라는 걸 굳이 강조할 필요는 없을 것이다. "앞날의 불운을 점칠지라도/ 슬픈 육체를 이끌고"(「피망 인큐베이터」) 가는 데까지는 가야 하는 "새끼손톱만한 민달팽이" 역시 이러한 나무의 삶을 그대로 빼닮았다. 생명이 붙어 있는 한 가는 데까지는 가야 한다. 인큐베이터 속에서 미래의 꿈을 꾸는 '아픈 아기' 처럼, 생명은 생명이기 때문에 숨을 쉴 수 있을 때까지 숨을 쉬는 걸 포기하지 말아야 한다. 그것이 생명의 의지이며, 생명의 자연이기 때문이다.

외출에서 돌아와 창문을 여는데
인기척에 놀란 새 한 마리 몸을 날린다
어어, 하는 사이 반대편 창을 향해 돌진한다
방충망을 올리고 현관문도 활짝 열어젖혔지만
절망에 눈이 먼 새는
부엌 캐비닛에 거꾸로 매달려 잉크색 생똥을 갈긴다

길 잃은 새여!
누구나 길을 잃을 때가 있단다
다만 한 줄기 빛이라곤 들어올 틈이 없는
사방이 벽이라고 절망할 때
하늘은 뚫려 있다는 것을 생각할 수 없을 뿐
반나절 넘게 갇혀 있는 동안
활활 타올랐을 지옥의 불
사는 것이란
영원한 지옥도 영원한 천국도 아니란다
물고기가 새가 되어 마침내 하늘을 날 수 있는 것처럼
간절하라 간절하라

상처 입은 날개 훨훨 창공에
불꽃 피워라

—「뚫려 있다」 전문

새 한 마리가 집 안에 갇혀 있다. 절망에 눈이 먼 새는 부엌 캐비닛에 거꾸로 매달려 생똥까지 싸고 있다. 날개가 있어도 날아갈 곳이 없다. 문이란 문은 다 열어젖혔는데도, 절망에 빠진 새에게는 출구가 전혀 보이지 않는다. 마음의 지옥이다. 마음이 지옥을 만드니 온 세상이 지옥이 되어 버린다. 죽음의 위기가 깊어질수록 생에 대한 열망은 더욱더 강렬해진다. 그런데, 생을 향한 강렬한 욕망이 도리어 새를 더 깊은 절망의 수렁에 빠뜨린다. 욕망이 깊어질수록 절망 또한 깊어지기 때문이다. 어떻게 해야 할까? 시인은 "간절하라 간절하라" 고 소리치듯 이야기한다. 생똥을 갈길 정도로 두려움에 떠는 새에게 시인의 이 말은 가혹하게 느껴질 수도 있다. 하지만 마음이 천국을 만든다고 했다. 시인의 말로 표현하면 "사는 것이란/ 영원한 지옥도 영원한 천국도 아" 니다. 집 안에 갇힌 새를 보며 시인은 마음에서 빚어진 생의 고통은 마음으로 풀어야 한다는 것을 비로소 깨닫는다. 절망에 빠진 눈에는 뚫려 있는 통로가 보이지 않는다. 마음의 지옥을 헤어 나오지 못하면, 새는 영원히 지옥을 살아갈 수밖에 없다.

이렇게 본다면, 생에 대한 간절함만으로 존재의 삶을 평가하는 것은 온당하지 않다. 간절함이 집착으로 귀착될 경우, 존재는 자기의 욕망 속으로 휩쓸려 들어갈 것이기 때문이다. 그리하여 그 욕망마저도 내려놓을 줄 아는 마음의 자세를 시인은 간절한 생의 필요조건으로 제시한다. 이것은 물론 말만큼 쉬운 일이 아니다. 아니, 물고기가 새가 되어 하늘을 나는 일처럼 거의 실현할 수 없는 일이라고 해도 무방하다. 그러면 포기해야 하는가? 시인은 바로 이 지점에서 생의 간절함을 마음의 간절함으로 환치한다. 물고기가 새가 되는 상황은 현실에서는 불가능할지 몰라도, 마음의 세계에서는 충분히 가능한 현실이라고 할 수 있다. 달리 말하면 마음의 세계에서는 결코 절망이 있을 수 없다는 것을 시인은 "간절하라 간절하라"는 시구를 통해 '간절한' 마음으로 드러내고 있는 셈이다.

그렇다면 시인은 왜 이토록 마음의 자세를 강조하고 있는 것일까? 「유년의 윗목」에서 시인은 미제 반코트와 관련된 서글픈 추억을 떠올리고 있다. 엄마가 약국집에서 얻어온 반코트를 시인은 "엄마 앞에서는 입고 밖에 나와서는 벗었다". 가난하지만 최소한의 자존심만은 지키고 싶었던 것이다. 하지만 "팔다 남은 홍시가 아랫목에서 쩍쩍 얼어 터지는 겨울"을 코트 하나 없이 보내기는 힘들다. 함박눈이 내리는 어느 날 시인은 "나도 모르게" 반코트를 꺼내 입는다. 자존심을 세우기 이전에 추위를 피하는 게 먼저이기 때문이다. 추위에 언 손을 호주머니에 넣고 골목길을 돌아 나오던 시인은 운명처럼 약국집 아이와 마주친다. 이 시는 이 마주침의 장면에서 끝나고 있다. 그 이후는 독자들의 상상에 맡긴다는 것일까. 유년의 윗목에 서려 있는 차가운 기운은 이렇게 성인이 된 시인의 몸에 서글픈 감각으로 새겨져 있다.

가난에 대한 시적 사유는 「공범」이라는 작품에서도 그대로 이어진다. 이 시에서는 반코트의 자리를 연탄이 차지한다. 막국수 장사를 하던 어머니가 어둠 속을 뚫어지게 응시한다. 무언가 보일 듯 말 듯하다. 솥단지 옆에서 숙제를 하던 시인을 어머니가 부른다. 어둠 속의 물체를 확인해 보라는 것이다. "어머이 전대처럼 반질반질한 꼼장어다이 밑에 연탄 몇 장이 오지 않은 주인을 눈이 까맣게 기다리고 있었다". 어머니가 사과 상자 판때기를 머리에 포개어 인다. "얹어라!"라는 어머니의 목소리를 시인은 꿈결처럼 듣는다. "가난은 사람을 용기 있게도 하고 비굴하게도 한다는 것을 배웠다"는 진술에 나타나는 대로, 시인은 가난이 결코 관념이 아니라는 것을 바로 이 순간 깨닫게 된다. 가난은 자존심을 만들기도 하지만, 자존심의 반대편에 있는 죄의식의 상황에 주체를 빠뜨리기도 한다. "때 절은 소매를 보란 듯이 흔들며" 얼어붙은 사십 계단을 오르는 어머니의 모습은 반코트를 입고 골목길을 돌아 나오다 약국집 아이와 마주친 어린아이의 미래를 암시적으로 보여 준다. 어떻게든 살아야 할 것이 아닌가. '공범'이라는 시의 제목은 시인이 이러한 어미의 행동을 이해하고 있음을 단적으로 증명한다. 가난이라는 슬픈 육체를 민달팽이처럼 몸에 얹고 살아가야 하는 존재의 비극을 시인은 유년 시절부터 이미 체득하고 있었던 것이다.

맨해튼 현대미술관 전시실
금발의 미소년이 해골 아래 알몸으로 누워 있다
마네킹이거니 하고 슬슬 발길을 옮기는데
소년의 시선이 나를 따라온다
백골 밑에서 부드럽게 숨 쉬는 갈비뼈
뼈를 싸고 있는 옆구리 근육은 삶처럼 질겨 보인다

그 눈부신 날것 위에 태연히 누워 있는
눈구멍이 뻥 뚫린 백골

봐라,
백골의 눈구멍에 눈물이 고인다
소년이 눈을 껌벅거린다

햐! 기막힌 메타포
죽음은 알몸으로 저리 홀가분한데
옷 한 벌을 위해 알몸으로 아르바이트하는
소년의 하루는 실오라기처럼 무거워

맨해튼 5번가를 누비는 싱싱한 날것들
색색이 켜지는 상점의 조명처럼 눈이 부신 것은
저를 응시하는 백골이 보고 있기 때문이다

—「소년과 백골」 전문

맨해튼 현대미술관 전시실에 알몸으로 누워 있는 금발의 미소년을 보면서 시인은 가난의 기억을 다시금 떠올린다. 알몸의 소년 위로 백골이 누워 있는 이 기괴한 이미지의 예술작품으로부터 시인은 옷 한 벌을 벌기 위해 알몸으로 아르바이트를 하는 소년의 비극적인 상황을 이끌어 낸다. 요컨대 시인은 예술품 자체의 미학보다는 소년의 가난한 삶에 초점을 맞추고 있다. "햐! 기막힌 메타포"라는 시구가 암시하거니와, 시인은 소년과 백골의 대조적 이미지로부터 삶과 죽음의 기묘한 이중주를 떠올린다. 실오라기 하나 걸치지 않은 소년의 생生이 가난으로 하여 무거워 보인다면, "죽음은 알몸으로 저리 홀가분"하게 누워 있다. 무거운 생과 가벼운 죽음이라는 미학적 역설 앞에서 시인은 무엇을 생각하고 있을까? 현대 자

본주의의 상징인 맨해튼에서 "싱싱한 날것들"이 살기 위해 서글픈 향연을 펼치고 있다. 시인은 그곳에서 청춘의 열정이 아니라 "저를 응시하는 백골"을 발견한다. 색색이 켜지는 상점의 조명만큼이나 맨해튼은 화려한 스펙터클을 내보이고 있다. 하지만 그 화려함의 이면에는 소년의 알몸 위에 놓인 백골처럼, 주체의 삶을 갉아먹는 어둠의 그림자가 짙게 드리워져 있다.

화려함이 극에 달할수록 더욱 부각되는 죽음의 이미지는 모래성 위에 아슬아슬하게 세워져 있는 문명의 현황을 에둘러 보여 준다. 이를테면 「그녀의 사각모」에는 "한밤 쓰레기통을 몰래 뒤지는 라쿤처럼 작은 여자"가 나오는데, 두 살, 세 살배기 딸아이를 재워 두고 이십여 년 수거한 재활용 빈 캔을 팔아 모은 돈으로 마침내 두 딸이 대학 졸업하는 날 뉴욕타임스 아침 신문 일면에 사각모를 쓰고 "오월 햇살에 이빨 빠진 빈 병처럼" 웃는 그녀의 모습에서 화려한 문명의 뒤편에서 처절하게 몸부림치는 소외된 삶에 주목하고 있다.

「아스팔트장葬」을 참조한다면, 이들의 신세는 자동차에 부딪혀 "생을 헛발질하고 있"는 새 한 마리의 신세와 다르지 않다. "갓길 한적한 곳으로 옮겨 줄까 하다가/ 페달에 힘을 주었다"는 시적 상황이 암시하는 대로, 누군가 그들에게 관심을 가져 주지 않는 한, 그들이 행하는 "생의 헛발질"은 끊임없이 되풀이될 수밖에 없을 것이다. 타자의 목숨을 담보로 이루어진 문명 세계의 이 지독한 현실 속에서 민달팽이의 슬픈 육체를 지닌 사람들은 자기에게 주어진 운명을 그저 받아들이며

살고 있다. 길은 없는 것일까? "날고 싶구나!"(「나무새」)라는 희망에 부푼 나무새를 저 하늘 높이 날게 할 방법은 전혀 없는 것일까? 복영미는 「돌의 명상」에서 "아무짝에도 쓸데없다는 말은/ 어디에든 쓸 수 있다는 것"이라고 힘주어 말한다. 그녀에게는 시詩가 그렇다. 시는 쓸모없기 때문에 쓸모 있는 것이라는 한 문학평론가의 주장처럼, 그녀는 쓸모없는 시를 통해 쓸모 있는 세상으로 들어가는 길을 닦으려고 한다. 그 일이 과연 세상을 치유하는 길이 될 수 있을까, 하는 물음은 여기선 우문愚問이 될 수밖에 없다. 걸어가지 않는 자 앞에 길은 나타나지 않기 때문이다. 그리하여 민달팽이의 슬픈 육체로 시인은 느리게 기어가려고 한다. 그렇게라도 가는 것이 그녀에게는 헛발질하는 생의 너머를 사유하는 시의 길로 비쳐지는 것이다.

2.

쓸모없는 것의 쓸모 있음이라는 시의 역설은 「뭉크의 절규」에서는 "내 안의 나"라는 분열 의식으로 변주되어 표현된다. 무언가에 놀라 비명을 지르는 그림 속의 존재처럼, 이 시의 화자 또한 "신에게조차도 들키고 싶지 않은 내 안의 나"를 알아보곤 비명을 지르고 있다. 그런데 아주 뜻밖에 마주친 자화상에 놀란 '나'는 과연 누구일까? "내 안의 나"를 버리고 "필사적으로 아주 멀쩡한 얼굴로 그럭저럭 살아가고 있는"

나일까? 곧 일상의 나가 비일상의 나를 보고 놀란 것일까? 아니면 비일상의 나가 일상의 나를 보고는 그만 두려워 비명을 내지른 것일까? 나는 생각하기 때문에 존재한다는 근대 이성의 법칙이 깨진 자리에서 시인은 뭉크의 절규하는 유령을 바라본다. 비명은 언어 이전의 세계와 맞닿아 있다. 언어로는 표현할 수 없는 사물과 맞닥뜨린 순간 주체는 비명을 지른다. 문제는 그 사물이 바로 비명을 지르는 주체라는 존재의 역설에 있다. 주체는 어느 순간 보지 말아야 할 존재를 보고 말았다. 공포가 온몸을 감싸고 돈다. 자기 속에 존재하는 그것을 보는 순간 주체는 더 이상 주체로 남을 수 없기 때문이다.

비명은 그러므로 두 가지 의미로 해석된다. 하나는 보지 말아야 할 것을 본 존재의, 두려움에 가득 찬 비명 소리다. 일반적인 의미의 비명 소리라고 보면 좋을 것이다. 다른 하나는 보고 싶지는 않지만, 볼 수밖에 없는 것을 본 존재의 비명 소리이다. 이 경우의 주체 또한 두려움으로 가득 찬 비명 소리를 내지르지만, 한편으로 거기에는 그 두려움을 넘어서는 어떤 열정이 스며들어 있다. 상징계의 허공을 떠다니는 실재와 갑작스럽게 맞닥뜨린 주체의 희열이라고 표현하면 더 정확하겠다. 「뭉크의 절규」에 나타나는 비명 소리에는 이처럼 두려움과 희열이 교차하고 있다. 자기 안의 유령을 본 자의 모순된 마음이랄까, 그가 유령을 두려워하는 건 분명하지만, 한편으로 그는 그 유령에게 가까이 가고 싶은 욕망—열정에 휩싸여 있다. 시인의 말을 따르자면 “문득 낯선 곳에 버렸던 진짜인 내가/ 가짜인 나를 알아보고 지르는 비명”이 뭉크의 절규다. '필사적으로' 일상을 지키려는 '나'가 있고, '필사적으로' 일상의 바깥, 그러니까 유령의 세계로 나아가려는 '나'가 있다. 일상의 바깥을 엿보는 존재는 이미 분열되어 있다. 중요한 것은 그러한 분열의 과정을 거치지 않으면 "내 안의 나"와 결코 만날 수 없다는 사실이다. 그렇다면 내 안의 타자와 조우하는 것은 선택의 문제일까? 아니면 생명 있는 존재에게 예정된 어쩔 수 없는 운명일까?

A4 용지에 손가락을 베였다
생살을 저미는 전율
부드러운 것도 날이 될 수 있다는 눈치, 채지 못했다
상처가 덧나지 않게 한 손으로 세수를 하고, 머리를 감고,
밴드를 떼어내자 참았다는 듯 피가 다시 스며 나왔다
내 안에 날 선 것이 있어
피는 어느 때고 배어 나오는 것일까
벼린 날에 스친 것보다
종이에 베인 상처가 더 아픈 것은
너를 가볍게 여겼기 때문일 것이다
가로로 세워 네 귀퉁이를 만지작거리며
볼펜으로 콕콕 찌르기도 하고
구겼다 폈다 할 때부터 너는
날을 세웠을 것이다
열흘쯤 지나 딱지가 앉았을 때
부드러운 것에 베인 자리가
더 오래 아픈 것은
구겨진 이목구비, 너에게도

하얗게 밤을 지새운
흔적이 있기 때문이다

—「내 안에 날 선 것」 전문

A4 용지에 손가락을 베인 시인은 "생살을 저미는 전율"을 느낀다. 타자라는 날카로운 칼날이 살을 헤집는 고통을 이루 말로 표현할 수는 없을 것이다. 그렇다고 위 시에서 시인이 생살을 찢는 고통의 심연에 초점을 맞추고 있는 것 같지는 않다. "내 안에 날 선 것"이라는 시의 제목에 드러나는바, 그녀는 내 안에 존재하는 타자들의 흔적에 무엇보다 시안詩眼을 집중하고 있다. 내 안의 타자는 나를 두려움에 빠뜨린다. 보이지 않던 대상의 현현에 놀라 비명을 지르는 뭉크의 그림 속 유령과 같이, 시인 또한 내 안에서 솟아 나오는 타자들의 흔적과 끊임없이 마주치며 생을 전율을 느끼고 있다. 위의 시에 나타나거니와, 생의 전율은 아주 일상적인 차원에서도 쉽게 느껴진다. A4 용지에 손가락을 베이는 일상적인 일이 생의 전율로 그 의미가 확장되는 이유는 무엇일까? 시인은 "너에게도/ 하얗게 밤을 지새운/ 흔적이 있기 때문이다"라고 말하고 있다. '너'가 살아온 고통스런 생의 흔적이 '나'의 몸속에서 전율로 살아난다. 너의 삶은 표면적으로는 종이의 삶이겠지만, 이면적으로는 나무로 살아가던 생의 시절까지 뻗어간다. 부드러운 종이에 서려 있는 "날 선 것"은 어찌 보면 나무로서 생을 영위한 존재의 흔적일지도 모른다.

지금은 가공된 제품의 삶을 살지만, 숱한 생명들을 온몸에 품고 산 시절이 종이에게도 있었다. A4 용지에 베인 손가락에서 피가 스며 나오듯, 종이에게는 나무 시절의 기억이 본능처럼 새겨져 있다. 생명의 원초적 기억을 여전히 간직하고 있는 존재들의 흔적과 마주했으니 "생살을 저미는 전율"을 느끼는 건 이렇게 본다면 아주 당연한 현상이라고 할 수 있다. 요컨대 나무의 시절을 기억하고 있는 종이는 "내 안에 날 선 것"을 지니고 있다. 그것을 타자의 흔적이라고 하든, 아니면 원초적 기억의 흔적이라고 하든, 세상의 모든 존재들은 자기가 아닌 것과 더불어 삶을 영위하게 마련이다. 자기 안의 타자라는 낯선 존재와 마주함으로써 주체는 자기의 바깥을 사유할 수 있는 계기를 얻게 된다. 「우주의 젖이 돈다」라는 시를 따른다면, 내 안의 타자는 끊임없이 '나'에게 타전을 한다. 누구나 또 다른 나의 타전을 받지만, 대부분 사람들은 그런 신호를 무시해 버린다. 두렵기 때문이다. 저기로 가고 싶지만, 저기로 가면 모든 것을 바꾸어야 하기에 사람들은 저기로 가는 '변화'를 두려워한다. 변화하기 위해서는 그러므로 타자가 보내는 타전에 적극적으로 반응해야 한다. 복영미는 「케스킬 산정에서」라는 시에서 타자로부터 오는 신호에 대응하는 자신만의 방식을 에둘러서 이야기하고 있다.

숲을 헤치고 죽죽 뻗은 은사시나무를 지나
산을 오른다
길을 가로막으며 하늘에 닿아 있는
호수 한 자락

낮달이 슥 베어도 흉터 한 점 없다
생각의 뿌리까지 맑아지는
우주 탄생이 시작될 때부터
호수의 비밀을 알고 있는 해에게
배낭 짐처럼 어지러운 속 열어 보인다
단순해지고 싶다
나뭇잎처럼 가벼워지고 싶다는
나에게
산정에서 홀로 설 줄 아는 나무
무거운 등을 떠민다

―「케스킬 산정에서」 전문

시인은 단순해지고 싶다고, 가벼워지고 싶다고 말하고 있다. 어떻게 하면 단순해질 수 있을까? 위 시의 문맥을 따른다면, 우주 탄생이 시작될 때부터 이 세상에 존재했던 태양을 향해 배낭 짐처럼 어지러운 자신의 내면을 기꺼이 내보이면 된다. 생명의 기원으로 거슬러 올라가면 단순해질 수 있다는 것일까? 문명세계의 복잡성이 이성의 사고 구조와 맥이 닿아 있다면, 시인의 내면을 어지럽히는 숱한 생각들은 무엇보다 이러한 이성적 사고방식의 결과물인 것도 같다. 하나의 '나'를 고집하는 이성의 구조가 언뜻 단순해 보이지만, 거기에는 단순함이라는 말로는 표현하기 힘든 어떤 복잡성이 내재되어 있다. 곧 이성은 하나의 '나'만 인정함으로써 또 다른 '나들'의 잠재성을 애초부터 부정한다. 문제는 이러한 이성의 일자론一者論이 도리어 그것을 믿는 주체들의 내면에 혼란을 불어

넣었다는 대목에 있다. 하나의 '나'를 지키기 위해 이성의 주체들은 또 다른 '나'의 존재를 끊임없이 부정해야 하는 악순환에 빠져 버린다.

문명이 발달할수록 사람들이 심리적인 불안감 속으로 휩쓸려 들어가는 이유는 여기에 있다. 이성의 주체들은 비이성의 존재를 바깥으로 내모는 과정을 통해 이성 자체를 공고화하려고 한다. 단 하나의 '나'만 인정하려는 이성의 신화는 이렇게 비이성의 존재들을 이성의 바깥에 배치함으로써 이룩된다. 단순해지고 싶다는 시인의 전언은 바로 이러한 이성의 신화를 거부하고 싶다는 의미를 내포하고 있다. 다시 말해 모든 것을 일자로 환원시키는 인간 중심적 세계관으로부터 탈피하기 위해 시인은 단순함의 맥락을 시의 세계로 불러낸다. 단순함은 이 지점에서 가벼움과 자연스레 이어진다. 시인은 "산정에서 홀로 설 줄 아는 나무"에서 가벼움의 미학을 발견한다. 산정의 나무는 제가 선 자리에 그대로 서 있다. 자신이 서 있는 자리의 너머를 끊임없이 엿보는 인간에 비한다면, 나무는 자기의 자리를 지킬 줄 아는 미덕을 지니고 있다. 가벼워진다는 것은 그러므로 욕망으로부터 자유로워진다는 것을 함축한다. 케스킬 산정에 오르면서 시인은 단순함과 가벼움의 미학으로 자신이 서 있는 문명의 자리를 시적으로 사유한다. 단순해지지 않으면, 가벼워지지 않으면 문명의 자리를 사유할 수 있는 기반 자체가 사라질 수밖에 없다. 「기도」에서 시인은 한 줄의 시를 "가장 간곡한 기도"라는 말로 표현하고 있다. 기도는 자신의 깊은 내면과 마주하는 것이다. 평소에는 주목하지 않았던 또 다른 '나'와 마음의 대화를 나누는 게 기도의 근본적인 형식이라면, 기도로서의 시는 무엇보다 자기의 마음속에 있는 타자를 발견하는 일과 다르지 않다고 할 수 있다.

신호 대기 중인 버스 창가에
가드레일 따라 흔들리는 풀꽃
속눈썹을 깜박거리며
내게로 옵니다

내가 이름을 불러 주지 않았는데도
내게로 와서 꽃이 됩니다
무명은 무명을 알아봅니다

—「무명」 전문

기도하는 존재가 어둠 속 타자와 마주하고 있다. 속눈썹을 깜빡거리며 '나'에게로 다가오는 타자를 향해 시인은 제 몸을 활짝 열어 놓고 있다. 시인은 주체와 타자 사이에서 벌어지는 감응의 상황을 '무명'이라는 시어로 표현하고 있다. 내가 이름을 불러 주지 않았는데도 풀꽃은 나에게로 와서 꽃이 된다. 김춘수의 「꽃」을 패러디한 이 대목에서 시인은 김춘수의 호명의 미학과는 상반되는 무명의 미학을 이야기하고 있다. 김춘수의 「꽃」이 호명하는 주체의 관점으로 대상의 의미를 파악하고 있다면, 그리하여 주체 중심적인 관점에서 채 벗어나지 못하고 있다면, 복영미의 위 시는 호명하는 주체의 의

지와는 상관없이 존재하는 타자의 의미에 초점을 맞추고 있다. "한 번도 피지 못하고/ 눈감는 삶은 없다"(「어머머!」). 한편으로 "눈물과 결핍으로 얼룩지지 않은 삶은 그 어디에도 없다"(「짧은 여행 긴 꿈」). 요컨대 타자에게는 타자로서의 생이 있다. 가드레일 가에 핀 풀꽃은 풀꽃으로서의 삶이 있다는 말이다. 이 당연한 일을 애써 강조하는 이유는 풀꽃에 주체의 의미를 부여하는 작업을 우리는 여전히 강박적으로 실천하고 있기 때문이다. 한없이 무거운 이성으로, 혹은 한없이 복잡한 이성으로 인간은 사물의 의미를 하나하나 재단해 버리고 있는 것이다.

「산나리」에서 표현하는 대로, "모두 제 것에 딱 어울리는 표정이 있다". 그것을 부정하면 "눈물엔 처방이 없습니다"(「처방 없는 처방」)라는 시적 전언의 맥락을 우리는 이해할 수 없다. "처방 없는 처방"이라는 역설적 제목은 저마다의 사물 속에는 저마다의 삶에 맞는 처방이 내재되어 있다는 의미를 함축하고 있다. 「연어의 꿈」을 참고한다면, 그 처방은 "어머니의 어머니가/ 그 어머니의 어머니가/ 아기를 혼자 낳고 탯줄 끊어" 낼 때부터 있어 온 것이다. 자신이 태어난 곳으로 회귀하는 연어의 기억 속에는 운명적으로 이러한 처방(전)이 저장되어 있다. 그것이 설사 죽음으로 가는 길일지라도, 연어는 자기가 가야 할 길을 기꺼이 간다. 연어의 이러한 방식이 어떻게 보면 가장 단순하고, 가장 가벼운 생명의 방식인지도 모르겠다.

복영미는 이처럼 연어들이 물살을 타고 제 고향으로 회귀하는 과정에 주목하고 있다. "물살이 흔드는 붉은 생명"에 표현되는바 그대로, 시인은 연어의 회귀에서 가장 원초적인 생의 방식을 본다. 유년의 윗목에 가슴 아프게 서려 있는 가난의 기억 저편으로 그녀는 연어가 되어 끊임없이 물살을 거슬러 오르고 있다. 그곳에서 그녀는 마음이 지옥과 천국을 낳는다는 시적 진리를 발견했다. 한없이 단순해지고 가벼워지면 마음의 지옥에서 벗어날 수 있다는 믿음을 시적으로 확인하기도 했다. 정리하자면 이번 시집에서 그녀는 연어의 삶을 문명에 치인 삶을 사는 사람들에게 첫 번째 처방전으로 제시하고 있다. 연어라는 무명의 존재가 되어 또 다른 무명의 존재에게 끊임없이 시를 타전하는 것. "무명은 무명을 알아봅니다"라는 「무명」의 결구는 바로 이러한 타전의 방식이 그녀가 추구하는 시의 궁극임을 에둘러 드러내고 있다고 하겠다.

시인 복영미

울산 출생
경희사이버대학 문예창작학과 졸업
『한국문학평론』으로 시 부문 등단
경희해외동포문학상 수상
미주한국일보 본사(LA) 창사 34주년 생활수필 부문 대상
재외동포문학상 시 부문 대상

E-mail: bymmuse@gmail.com

우주의 젖이 돈다

지은이 | 복영미
펴낸이 | 김재돈
펴낸곳 | 도서출판 시와시학
1판1쇄 | 2014년 1월 15일
출판등록 | 2010년 8월 10일
등록번호 | 제2010-000036호
주소 | 서울 종로구 명륜동1가 42
전화 | 744-0110
FAX | 3672-2674
값 8,000원

ISBN 978-89-94889-63-4 03810